만인시인선 · 33
프리지아 칸타타

이경임 시집

프리지아 칸타타

만인사

자서

내 시의 근간은 슬픔이다.

무수한 혀와 다중의 나,
그 중 하나를 벗어
세상에 내어놓는다.

맨살의 쓰라림
온전히 견뎌보기로 한다.

차 례

자서 ───── 5

1
섬휘파람새 ───── 13
안드로메다 ───── 14
율포, 비 ───── 15
프리지아 칸타타 ───── 16
늦은 밤, 벚꽃 ───── 17
뱀필드 ───── 18
장마 ───── 19
여름밤 ───── 20
군고구마를 먹으며 ───── 21
링거에 관한 단상 ───── 22
음각의 저녁 ───── 24

차 례

2
그 집 앞 ——————— 27
벚꽃상회의 봄 ——————— 28
바코드 ——————— 29
겨울비 · 1 ——————— 30
진눈깨비 창 밖 ——————— 31
이층집 옥탑방 ——————— 32
不請 ——————— 33
장롱과 국수 ——————— 34
국밥 한 그릇 ——————— 36
붕어빵 ——————— 37
춘자노래방 ——————— 38
그 여자 리,리, 안? ——————— 39
블루문 ——————— 40
동행 · 1 ——————— 42
동행 · 2 ——————— 43
고등어 ——————— 44

차 례

3

거미줄 —————— 47

봄밤 —————— 48

벚나무의 저녁 한때 —————— 49

손톱을 깎으며 —————— 50

다시 손톱을 깎으며 —————— 51

빈 둥지 증후군 —————— 52

일상 —————— 53

탁란 —————— 54

여섯 시, 빈 방 —————— 56

두 시, 그 집에서는 —————— 57

무인도 —————— 58

만찬 —————— 59

아이 —————— 60

차 례

4
가을, 전갈자리 ——— 63
저녁 안개 ——— 64
북어 ——— 65
동백 ——— 66
한때 ——— 68
붉은어깨도요새 ——— 69
잠에 갇히다 ——— 70
그게 낫겠다 ——— 71
주산지 ——— 72
혜존 ——— 73
꽃몸살 ——— 74
겨울비·2 ——— 75
한계 ——— 76

차 례

5
루체비스타 ——————— 79
FM 109MHz ——————— 80
꽃자리 ————— 81
빈 집 ————— 82
봄비 ———— 83
편지 ————— 84
온건을 위하여 ——————— 85
경계에 서다 ——————— 86
불면 ————— 87
간절곶 엽서 ——————— 88
독백 ————— 89

| 시인의 산문 |
언어의 폐소공포증을 넘어서 ——————— 90

섬휘파람새

견디지 못하는 건 풍랑 가득한 저 바다
몇 번을 돌아눕는 불면의 새벽녘에
목 놓은
바람을 본다
그것은 환각이듯,

돌아갈 길 찾지 못해 밤마다 우는 새
늑골을 죄는 어둠 우두커니 지켜서다
만지면
바스러지며
바다를 토해내는 화석

안드로메다

은하를 건너가는 눈시울 붉어져서
더 먼저 붉은 가슴 옮겨가는 별빛을
허공에 빈 발자국만 그리며 올려다본다

어디쯤 흘러가면 저 돛단배 한 척도
모선의 어느 한 귀퉁이 고단한 닻 내리고
밥 끓는 다정한 소리에 마음 놓을 것인가

만조의 저녁답을 휘파람으로 들으며
따스하게 등 기대앉아 한 곳을 바라보니
아득히 멀어져가는 밤하늘의 불빛 한 채

몇 광년 뒤 행여 우리 낯설은 이름으로 만나
생경한 숨결로도 소통되는 날 있다면
그때야 작은 문패 하나 온전히 가질 수 있겠네

율포, 비

빛을 읽은 나방떼가 일제히 날아올랐다
소리로 길을 여는 바닷가 낡은 모텔에는
율포가 듣지 못하는 비소식이 묵어 갔다
귀퉁이 젖어 있는 포플린 베갯잇에
사나흘 바다를 건너지 못한 바람이 모여
밤 새워 일렁거리면 알전구도 조바심했다
별자리 들어앉힌 물결도 귀를 막고
소금기 찌든 이불 귀밑까지 끌어올려
뜨거운 파도의 한 끝 가만히 다독거리면
온몸이 더 뜨거워진 빗줄기 떨쳐나와
바다의 머리맡으로 단숨에 내닫는다
마침내 잠을 설치는 우기의 시작이다

프리지아 칸타타

수요일
어두운 하늘 끝으로 날아오르던 새
비를 몰고 모퉁이 네온사인 아래 앉는다
빗 속에 모여 앉은 꽃들의 내력이 두려운 날

닿지 못할 마음에도 가닿는 눈물이지
누가 저 비루한 몸 엮어 꽃으로 빚었을까
초성을 맑게 소리 내는 새의 눈 깊어진다

젖은 기억
서성이던 옛길의 한 어귀에서
프리지아 짙은 향 안고 집으로 돌아가는 길
긴 머리 쓸어내리며 밤새 듣는 칸타타

늦은 밤, 벚꽃

저 혼자

꽃을 피워내는 일은 외롭다고

나무는

가지 한 축 가로등에 걸어 놓는다

불빛이

그 몸 속으로 음악을 흘려 넣어준다

뱀필드

아직도 서둘러 가야할 곳 어디쯤인지
지나온 길 돌아보지 않으며 가려 한다
온대의 끈적끈적한 바람 두렵지 않은 때

손끝을 조심하라, 촉각이 곤두서 있으니
신들의 마지막 땅 기필코 보게 되리라
원시의 끝없는 탈주 부끄럽지 않으리라

이성의 무력함 몸으로 부딪쳐 봐도
불멸의 하늘은 이미 가려진 뒤
그 아래 우뚝 선 채로 나의 길 짚어 보리라

보이지 않는 곳에서도 존재하는 길
가려진다 해서 사라지지 않듯이
노여운 존재의 함성 낱낱이 듣게 되리라

장마

밤새도록 빗소리가 양철지붕을 두들겼다
편지의 글씨들이 주저앉고 싶은 밤이면
그늘에 쌓인 꽃잎처럼 숨죽이며 울었다

노래도 젖어서 흘러나오는 트랜지스터
낙타의 발소리를 사무치도록 받아 적으며
사막의 뜨거운 눈물 추신으로 써넣었다

궤도를 놓친 별들이 우주의 바퀴 굴리며
한 발짝씩 멀어져가는 소리로 무너졌던,
그날 밤 먼 길을 가는 사람의 울음이 길었다

여름밤

여름밤
호수의 표면을 들여다보면
생을 다한 물고기떼 은빛 비늘들이
아픔을 다 감추지 못해 물살로 일렁인다

그 빛에 어쩌다 마음 적신 사람들은
상심도 거두며 먼데로 사라져가고
비늘은 여태 키워온 달빛을 지워간다

살아온 길 너무 멀어,
소매 끝이 다 닳아
지느러미 사이사이 아득하던 바람소리
그 밤에
맑게 씻으며
나 먼저 잠이 든다

군고구마를 먹으며

껍질은
비밀스런 공모의 암호해독이다
용의선상에 오른 입들의 조심스런 발설이
뜨거운 목젖을 타고 불빛 아래 모여 앉는다

저마다
한 가지씩 어두운 셈을 하며
붉은 눈 부릅뜨는 창 밖의 날짐승들
속살을 풀어헤친 냄비 속
더운 생을 넘보는데

한 패가 된 그림자들이 서서히 뜨거워진다
난부호를 파헤친 위험한 혓바닥이
드디어 심증을 굳히며 돌아가는 대설, 밤

링거에 관한 단상

차갑지 않은 것은 세상에 없는 건지
한 방울씩 흘러드는 링거액도 냉정하다

이룬 것
하나도 없이
누웠냐며 빈정대듯

해묵어 무거운 몸 죄다 씻어내야
사람의 형상을 갖추며 거듭날까

영혼은
어디에 널어
보송하게 말리나

얕은 잠 끝으로 혈관 속이 섬뜩하다
병실 한쪽 괘종시계 낮은 신음 토할 때

탕진한

생의 履歷들
천천히 채워간다

음각의 저녁

유난히 입 속이 달다
또 하나의 생을 건너
부르튼 발 만지며
여태 삼켜온 독주들
더 깊이
침몰해가는 하루치의 몸짓

더는 놓을 것도 없는
어둠 속에 눕는다
누가 자꾸만
꽃등을 끄는 것인지
다 닳은
등 위에 새겨 넣는
봄,
아프다

2

그 집 앞

근조등 내다걸었던 창이 다시 환하다

어둠이 발걸음을 늦도록 붙잡았고

시간은

서랍에 쌓인 편지처럼 무거웠다

늘 되돌아오는 구절 속을 혼자 맴돌며

쓰라린 상처들의 발자국 몇 지나서

누군가

무심한 낯빛으로 불 밝히는 저 창 안

벚꽃상회의 봄

넓다란 마당 복판 벚나무를 거들뜨며 장대를 휘두르는 어수선한 심사로 산 아래 벚꽃상회의 봄날은 지나간다

하오의 소낙비 같은 버찌들은 분명코 분분하던 낙화유수의 시절이 그리운 게다 봄날의 증표로 남아 빈 잔을 채울 셈이다

격정의 비늘들 앞다투며 씻은 뒤 산그늘도 들여놓은
미궁의 빛깔로 뜨겁게 취하고 싶은
 환절기의 정점에

바코드

천형을 기다리며 레일 위에 웅크리는
그들의 등허리에 원죄의 징표일까
낙인이 주홍빛보다 선명하게 찍혀 있다

필사의 몸부림도 사그라진 즈음에
세속의 문턱으로 곤두박질치면 누군가는
단죄의 돌을 던지리, 火斗 자국 그 위로

죄의 몫 읽는 이도 때때로 부드러워져
햇살의 율법으로만 그들을 취조하며
소문만 무성하던 밤, 만찬을 기다린다

겨울비 · 1

마감 뉴스가 끝난 야행성의 도시
불안한 음조를 끌어안고 번뜩인다
그 위로 밤새 한 마리 겨울을 끌고 간다

마지막 잎들의 거침없는 소등으로
뉴스가 비우고 간 소리 스치며
젖은 발 무거워진 걸음이 슬픔으로 뻗는다

바람은 구겨진 어깨로 길을 되묻고
옛사람의 안부를 수런대는 그 밤에
마른 풀 가슴 베이던 말소리 듣는다

그래도 새들은 소프라노로 날아오르고
겨울비, 지상의 소음을 다 거두며
먼 하늘 엄숙히 나눌 홀씨를 준비한다

진눈깨비 창 밖

흐려진 하늘 피해 숨어들 곳 있었으니
노부부가 축수 낮은 불빛을 등지고
나란히
백발의 귀밑 어루만지는 늦은 봄

귀 닳은 세간들의 각 쓰다듬다 보면
뒷짐 진 늙은 아버지의 근심이 저물어가는
먼 창 밖
진눈깨비는 꽃 피는 날을 휘날리고

동굴 속보다 따스한 입김들 모여 들어
화초잎 반짝이도록 닦고 있는 불빛 아래
연륜이
달디 단 낮잠 한 축을 세운다

이층집 옥탑방

 채 풀지 못한 이삿짐이 곰처럼 웅크렸다

 그 옆에 웅크린 나도 돌아오지 않는 사람을 전기장판의 ON이라는 불빛처럼 의지하며 잠을 청했다 이따금씩 생사를 묻는 바람소리에 짐승의 언어로 대답하거나 동굴의 증류수처럼 감질나는 순간 온수기의 물살에 목 적시며 몸살을 앓았다 열병을 앓을 때마다 윤기 나는 털 몇 가닥씩 얻고 그것들을 천천히 빗으며 외로움의 말뜻을 익혔다 때로는 불 꺼진 가로등 옆 어느 모퉁이 지나는 발소리를 들으며 짐승의 겨울잠도 그저 깊지만은 않으려니 짐작하였다 먼 산의 깊은 심장부에서 전해오는 뒤척임을 홀로 악보에 그려넣던 겨울,

 이듬해
 물 맑은 아침
 미뉴에트가 걸어 나왔다

不請

초대도 않았는데 두통이 찾아왔다
밤눈은 소리 없이 창가에 쌓여 가고

일어설
기미도 없이
바람만 적막하다

어차피 내 안에서 오늘밤 묵을 테니
순하게 자리 내주며 바라보는 먼 불빛

소홀한
대접조차 겨운 듯
착하게 잦아든다

장롱과 국수

문간방에 세 들어 살던 젊은 사내는
도망간 아내의 붉은 장롱에 기대앉아
장대비 가슴 때리는 소리 듣고 있었다

국수 끓여내 쟁반 째 들이밀며
어머니는 기어코 혀를 차셨다
어쩌누 생일날 미역국 한 그릇 못 먹어서…

괜찮아요, 귀 빠진 날 국수를 먹으면
명이 길어진다는 데요 뭘, 허허
뜨거운 국수 면발이 사내 목을 잠기게 했다

흐려진 안경 사이 사내의 눈빛이
바다에 있었음을 아무도 몰랐다
어쩌면 떠나간 아내는 바다를 꿈꾸었을까

命이 길도록 국수를 먹었던 그 저녁
사내는 국수처럼 뜨겁게 넘어가던

제 아내 찾아 헤매며 붉은 장롱을 잊었을까

삼십 년이 지나간 지금에도 나는
국수를 먹으며 기억한다 그 장롱의,
붉어서 어쩌지 못하던 뜨거운 빛깔을

국밥 한 그릇

파장이 훤히 뵈는 골목 끝 국밥집
성성한 세월 이고 돌아보는 아낙네
구성진 가락을 젓듯 국밥을 말고 있다.

허리 굽혀 꾸려온 삶 한숨처럼 부려놓아
더러는 금이 가고 녹도 오른 가마솥은
앞가슴 풀어헤치듯 불끈 끓어오른다

더 거칠 아무 것도 남기지 않았는지
솟국을 푸는 손끝 저토록 태연한데
한 세상 지나온 바람, 뒷등 더욱 뜨겁다

몇 갈피 삶의 자락 무심히 넘겨 보다
성마른 세월 다시 국솥에서 우러나면
다정한 국밥 한 그릇 인기척을 기다린다

붕어빵

한 평 남짓 백열등이 어둠을 들춰보면
가슴 가득 앙금을 품고 갇혀있던 물고기
곱아든 지느러미 펴 파도를 건너간다

밑밥처럼 굴러드는 때 묻은 동전들이
싸락눈 치고 가는 뱃전을 버티지만
눈물로 이겨 갠 반죽 여즉 무른 목젖이며

춘자노래방

문을 들어서면 그때부터는 누구나
한 번쯤은 들어본 적 있는 듯한 그 이름
춘자가 되곤 하지요 더도 덜도 말고요

초저녁 취기들이 채 벗어나지 못하는
함석문 귀 얇은 주정도 아랑곳없던,
어쩌면 내 누이거나 이모 같은 그 여자

단물 빠져나간 껌 오래된 사랑처럼
차마 버리지 못해 견고한 이 사이에
질척한 기별로 두는 마음 착한 사람인 걸요

흔들리는 어깨에 공명으로 밤새 울어
메마른 음표들이 저절로 풀어지는
새벽을 보고 있어요, 허기가 느껴지는

그 여자 리,리,안?

리, 리, 안? 더듬거리는 호명이 익숙한지
여자는 망설임 없이 채혈대로 달려간다
어색한 부름조차도 황송한 낯빛이다

등 뒤에 지고 온 남국의 태양빛
여지껏 내려놓지 못한 여자의 갈등이
고향의 또렷한 문패 애써 외면하는 순간

이국의 핏빛과 다르지 않은 뜨거움 안고
그 여자 리, 리, 안?… 어쩌면 가슴으로
제 이름
피를 적시며 꾹꾹 눌러쓰고 있을 것이다

블루문

고기는 미디움-웰 스프는 크림으로
밥보다 빵이 더 낫겠지, 어때요?
오늘은 샴페인 한 잔 곁들이면 어떨까요

그날 밤 하늘에는 팔십 년에 한 번
겨우 볼 수 있다는 블루문이 떴어요
육즙이 뚝뚝 흐르는 허리가 결린다며

접시에 부딪치는 달빛이 잘릴 때마다
술잔은 출렁이며 어둠을 내렸어요
눈으로 보지 못한 건 생을 마친 별 같은 것

그들의 무덤 기슭 가까스로 떠오르는
입 속의 파릇파릇한 거품을 씹고 있죠
그 사이 가슴을 베인 달 하늘로 돌아가요

몇 광년 더 멀어진 듯 조용해진 식탁엔
해일을 견뎌내 온 풍금소리 얹히고

씨방을 막 털어내며 눈을 뜨는 초저녁별

또다시 하늘에는 새로운 별 떠오르고
행복의 증표로만 남아있는 먼 행성
블루문
쌉싸래하게 고이는 향기로 남았네요

동행 · 1

늙은 세인트 버나드가 노인을 보고 있다

먼 산 바라보는 백발의 노인은

허기진 눈빛이 되어 숨 가빴던 추억 속이다

그들이 바라보는 곳 서로 달라 쓸쓸하여도

한 곳을 향해 고개 끄덕이며 걷고 있으니

한 세상

다 나눈 곁을

기꺼이 내주는 저녁이다

동행 · 2

새벽녘 취기에 실려 돌아온 남편

비닐봉지 꽁꽁 여민 생고기 몇 점

아까워 싸왔다면서 휘청휘청 내놓습니다

선홍빛 간 데 없고 시늉만 겨우 남은

고깃살 위로 사람들 눈길 남아 있을까

눈치만 켜켜이 쌓여 목젖이 아픕니다

고등어

입 안 깊숙이 칼날을 삼킨다
바다를 타고 온 부레가 툭 터진다

저만큼
떠돌다 가는
지느러미의 표류

견뎌낸 물살만큼 깊어지던 바다빛도
꽃소금에 가두고 보면 그 또한 삶의 빛

배래기
훑어내리고
푸른 생을 내건 木魚

3

거미줄

어제처럼 화초잎 닦다 멈칫 한다

아무도 모르고 있던 내 집의 또 한 식구

간밤에 잎을 버팀대 삼아 집 한 채 엮었다

하루치 생 내려놓은 무방비의 잠 건너

저 홀로 살아남을 방법에 몰두하였을

찢겨진 세상의 아침 눈부시어 아찔하다

봄밤

미열에 들뜬 아이는 다시 잠 속이다
앞뜰의 접시꽃 하나 맨 흙에 내려앉아
뜨거운 날숨 고르며 꽃대를 털고 있다

씨방 속 어둠이 익숙해진 아이가
밤마다 불도 없이 가슴 키워가던 곳
소슬한 잠결 다독여 텅 빈 몸 채워가더니

맨발의 아이는 저문 강을 건너간다
오래오래 달빛만 밟아가던 그 잠이
몇 개의 빗장을 열며 꽃무더기 하혈 중이다

벚나무의 저녁 한때

탕자의 저녁은 그림자가 길었다
귀 어두운 어머니는 석양을 등에 업고
먼발치 지층을 딛는 소리에 귀 기울였다

아무도 짐작하지 못하는 땅 속 어딘가
먼 행로 되짚어오는 사람의 발소리가
오로지 그 어머니의 귓바퀴에 머무는 밤

두통 속을 걸어나온 아들의 늦은 귀가에
밤새도록 등불 환해지는 적멸궁 한 채
벚나무 휘어진 틈새 눈물이 흘러내렸다

손톱을 깎으며

손톱을 깎는다
마른 풀을 베듯

깎아도 깎아내도
다시 서는 거스러미

무작정
지우다 보면
생살 또한 찍힐까

앙상한 등을 접어
버텨보는 드난살이

깎을수록 높아 가는
고갯길 겨누어 보며

버린다
하얗게 날 세워
다시 길을 나선다

다시 손톱을 깎으며

밤 열 두 시 지나 등 돌려 앉은 남편
기도 드리듯 손톱을 깎는다
심오한 뜻 하나 세운 결연의 뒷모습이다

아직도 깎아내야 할 생의 고뇌들
얼마나 더 남았기에 오랜 무릎을 꿇고
묵상의 쓸쓸한 언덕 혼자서 오르는가

구부린 등 위로 얹히는 삶의 무게
손끝으로 쓰다듬어 덜어낼 수 있을까
무심히 깎이는 소리에 꽃조차 지는 한밤

빈 둥지 증후군

정전일까

사위를 짓누르는 어둠 끝

밥통 속

마른 밥들 아우성치는 갈증이

입 안에

칼날처럼 곤두서며

자꾸만

더듬어보는 빈 방

일상

고등어조림 한 냄비에

눈물짓던 그 여자

깨끗이 비워놓은

밥그릇 무심히 보며

염천의

아찔한 거리

꽃물이 번진다

탁란

늦은 밤
비어있는 아이 방에 앉는다
허겁지겁 빠져나간 잠자리엔 솜털 몇 개,
아직도 체온이 남은 베갯잇 마냥 서느렇다

여린 별 하나
먼 우주를 오래오래 떠돌다
내 가난한 잠 두드려 필생의 숨결 되었는데
어디에 제 부리를 묻고 신생을 꿈꾸는지

빈 둥지
늦은 근심이 등 하나 켜 들고서
수수꽃다리 목젖이 붉어지는 소리 듣는다
제 집을 오래 비워둔 어린 새 가슴도 붉어

식어가는 밥상에 문득 젖이 붇는 아픔
자꾸만
시린 아랫배 어미 혼자 쓰다듬는다

강보에 달빛만 채우며 돌아서는 저 어둠 속

여섯 시, 빈 방

여섯 시
까닭 없이 편도선이 부어오른다
생목이 조이는 어스름을 기어
냉방에 와 눕는 오후
손끝이 시리다

일몰은 잠결인 듯 창틀에 걸터앉아
목젖 가득 차오르는 하루를 털어낸다
뽑아낸 사금파리인가
창 밖은 핏빛이다

내부에 가둬 둔 그간의 목메임도
뒤늦은 인사말처럼 방바닥에 흥건한데
누구도 돌아보지 않는
여섯 시 그리고,
빈 방

두 시, 그 집에서는

낮 두 시
집을 지키는 건 구두 한 켤레
무거웠던 청춘이 지나쳐간 자국들
구겨진 뒤축으로 앉아 문 밖을 기웃거린다

옥죄던 짐승들의 이마를 짓밟으며
허겁지겁 오르던 가파른 계단마다
두 눈을 번뜩이는 살의가
도사리던
뒤안길

먹이를 내어주고 날선 이빨 고르다
맨발을 숨기며 헛기침으로 주저앉는다
하품만 늘어진 뒷발질이 외로운 허공 속이다

무인도

　밤이 깊으면 나는 두 평의 섬에 갇힌다 식구들은 저마다의 둥지에 부리를 묻고 방문을 두들겨대는 파도소리를 베고 눕는다

　이따금씩 홀로 선 모니터의 불빛이 먼 바다로 가는 배들의 길을 이끌며 눈 잃은 심해어의 단잠 속으로 흘러간다

　닻 내린지 이미 오래인 침대에 기대앉아 입 안 가득 짠물처럼 고이는 쟈스민향을 외로운 사람들만이 가진 향기라고 중얼거려보면

　때로는 풍랑에 젖어들기도 하였다가 빈손으로 돌아오는 벼랑도 끌어안으며 난바다 격랑을 가다듬는 불면의 무인도

만찬

먼 데서
몸을 접으며
잦아드는 휘파람 소리

창 밖에 저 홀로 피어나는 달맞이꽃

아무도
말이 없었다
때늦은 저녁상

아이

이 세상
가장 먼저
눈물 고이는 한 마디

제 몸을 둥글려
집 한 채 만드는 말

태초를
몸소 보이며
우주를 움직이는 추

4

가을, 전갈자리
— 생일에

하필이면 눈 시린 가을날의 점지였나
어머니 자궁 속을 가랑잎처럼 비우고
깊은 물 맨발로 걸어 배냇짓도 겨운 날

한 그릇 정화수에 먼 하늘빛 담아 놓고
오래 전 눈 여겨 둔 살뜰한 전갈자리
광년을 가로질러 온 서릿길이 보인다

이제야 알 것 같네, 어머니 시린 무릎
때로 종종걸음 치며 그 별자리 쓰다듬어
환한 빛 사위지 않게 외오 섰던 속내를

저녁 안개

바다를 빨아들인
미농지의 허공이다

여러 겹 의심들
뚫고 나온 흑백의 등대

해안선
젖은 한 장을
뒤적이면 또 깊은 벼랑

천 길의 어느 경계도
한층 무거운 저녁에

무심코 허물었던
마음자락 추스른다

기대 선
바람벽조차
위태로운 저 미궁

북어

아직도 할 말이 더 남았나 보다
바다를 떠나온 노여움 고스란히
부릅뜬
눈과 딱 벌린
입에 꼿꼿이 남아 있다

혹한 견뎌내며 돌아갈 어머니 품
귀향을 바라고 선 바다는 꿈이었으나
품은 뜻
굽히지 않는 법,
절망도 빛이 난다

숨소리 따뜻하던 맨살의 깊은 상처
날 선 가시 뒤에 여전히 성난 바다가
찬 물결
깊숙이 숨겨
포효하고 있다

동백

아무도
소리내어 부르지 마라
단서를 흘린 하늘
햇볕의 수소문만
사방에 포진중이다
잔 비늘을 털며

잠복기 거친 말이 입속에 웅크리다
표적에 내리꽂히는
끈질긴 추적의 빛
한 몸에 다 받아 안고서
토악질하는 붉은 혀

누구도
소리내어 부르지 마라
함구령의 긴 겨울
골똘히 지낸 갈피마다

핏빛을
가득 채우며 봄은 발화하고 있다

한때

밤늦은 호숫가에 앉아 백일홍 붉은 소리
물살로 지는 빈 자취 굽어보는 시각

그 아래
물고기들이 반짝 눈 뜨는 한때

누군가의 울음이 고기떼 불러 모으며
또 한 무리 푸르른 지느러미 키우는 동안

부레를
힘껏 부풀려 꽃술 흩뿌리는 한때

수면을 지나쳐간 달빛은 사소하였다고
둥글게 팔 오므려 토닥이고 싶은 밤

꽃들이
잠드는 시간 헤아리다 가라앉는 한때

붉은어깨도요새

이제 막 새끼에게 먹이 물린 아비 새
비딱한 어깨가 핏빛으로 물들었다
원행이
버거웠을까
혹은 생이 무거웠을까

피멍이 맺히도록 날아올랐으니 그만
날개를 접을지 더 먼 길 날아야할지
아비는
고개 숙인 채
그늘을 지고 있다

아침이면 기울어진 날개 다시 추스르며
현관을 나서는 저 고단한 아비 새의
날갯짓,
소용돌이 건너는
어깨 더욱 시리다

잠에 갇히다

짧은 잠이
편도선의 그늘을 키웠다
그 아래 저물도록 엎드린 잠의 뿌리
꽃대를
한껏 살찌워 바람 속에 놓는다

바람이
드나드는 생의 허술한 대문 안
깊어진 슬픔들이 잠 속에 갇히는 날
마침내
꽃 피우는 길 그 속에 열린다

꽃 피는
아픔만큼 벼랑마저 깊어서
제 길을 되짚어오지 못하는 혼곤이,
눈물로
따스한 집 한 채 마련하는 늦은 강

그게 낫겠다

잠 못 이뤄 뒤척이다 일어나 앉은 한밤중
가슴 속 겹겹이 소금기 이는 시각
쓰라린
시간에 갇혀 절망이듯 꽃이 진다

어느 별빛 지나 안식을 얻은 그대
낯 설은 이름으로 자리 펴고 누웠는지
처연한
아침이 와도 바다의 상처는 깊다

차라리
그게 낫겠다
분주한 바닷가에
잘 절여 풀 죽인 마음 한 겹 내걸고
수평선
오며 또 가며 시 한 편 쓰는 일

주산지

어떤 까닭으로 햇살과 바람과 물
서로 만나서 신의 손금 만드는가
한 손에 퍼올리는 물, 긴 세월이 감긴다

안개도 가고 없는 이 아침 빛살 따라
고기떼 벗어놓은 은비늘 쏠려 다니면
바람의 뒤를 캐묻는 버드나무 굵은 힘줄

그 푸른 수맥을 움켜쥐고 눈 감으면
전생의 어느 먼 나라 돌고 돌아온
목숨이 꿈틀거리며 물길 가늠하는 곳

젖은 버들 머리칼 눕히는 자리에
오롯한 손금 하나 빗금으로 돌으면
굽어본 신의 눈빛에 물살이 부드럽다

혜존

낯선 시인의 이름으로 시집이 왔다
사 십년 빈한하던 내 이름 뒤 혜존이라는
민망한 말씀의 겸손 얹혀 있어 부끄럽다

첫 시집의 감동을 함께 나눌 이들이
일면식 하나 없어도 기꺼운 까닭인지
시인의 두근거림이 행간마다 살아있다

먼 뒷날 내 쓸쓸한 별자리에 이름 하나
가까스로 얻으면 기쁘게 혜존이라
덧붙일 사람의 집이 너무 멀어 아득한 날

꽃몸살

능소화 붉던 날 꽃물에 몸 젖으며
펄펄 끓어오르는 삼계탕을 먹는다
맨살의 지난한 상처 집착이듯 적셔진다

안쓰럽게 덜어놓는 내 몫의 살점들
오래도록 별을 키운 공복 달래주며
따뜻한 그대 속살로 차오르는 저녁

꽃보다 더 붉어진 마음이 묻던 안부
낮별도 캄캄해지고 고립의 밤이 오면
시드는 꽃잎이라도 바람결에 널어두고

지상의 마지막 저녁을 나누며
먼 백발의 아침에도 뒤돌아보고 싶어,
붉은 꽃
피보다 짙게
가슴 속에 떨어진다

겨울비 · 2

나무는 빈가지로 눈물을 핥고 있다
상처 입은 누군가의 등줄기를 지나
밤늦은 창에 머뭇거리는 슬픔의 물약이다

폐부 어디쯤부터 뜨거워지는 신열로
한 모금 가까스로 삼키는 연한 살들
저 바깥, 뿌리를 숨기는 여린 몸 하나의 無垢

혼곤한 이마 짚으면 상처도 안개 속이다
혼자서 한 치 딛지 못하는 맨발이
몽유의 어둔 새벽을 가까스로 건넌다

한계

자작나무의 남방한계선은 노을 지는 저 곳이라며
저 혼자 노을로 지던 사람 뒷모습이
내 맘에 차마 넘지 못할 금지선 하나 남겼습니다

오늘도
눈물로만 몇 번을 넘나들어
모호한 경계 풀어헤치고 싶은,
자작만
그저 달빛에 창백한 빗장입니다

5

루체비스타

저토록 아름다운 고백이 또 있을까

그대 앞에 만개하는 수천 수만의 꽃송이

꽃술로 한 소절 세레나데 취한 듯 지어가니

심장을 놓쳐버린 사람의 길 헤쳐서

하늘이 정한 말도 닫고서야 보이는 파열

스스로 낙화를 견디다 전설로 피는 꽃

FM 109MHz

이 순간 어딘가에 닿고 있을지도 몰라
혓바늘 돋듯 날이 선 안테나의 저 파장

밤 깊은
어느 수신처, 남몰래 울고 있을지

뜨락의 꽃마리가 궁금해진 한밤중
하품 같은 주파수가 유성을 맞닥뜨리면

주소지
갖지 못하던 안부가 헤매인다

직렬의 소통 위로 상처 돋는 회로 끝
외계의 언어를 받아 적는 불면기의

긴 파동
잡히지 못한 채 그대를 서성인다

꽃자리

저녁 어스름 등에 지고 자갈길 밟아
내게로 오는 그대 나직한 발소리 마다
수줍은 꽃이라도 피어 반겨주었으면 좋겠다

조심스레 꽃 하나 피는 그 자리에
햇살도 내리고 어둠도 따라 내려
은밀한 저녁풍경을 숨겨주었으면 좋겠다

오직 그대 발소리만 살아있는 밤
소음에서 깨어나는 선율 한 자락
기꺼이 들려오겠지 내 기다림의 맥박처럼

꽃 진 자리마다 농염한 꽃물 들어
속잎마다 지천이겠네 저 붉디붉은 화간
비워서 아름답다면 화농이라도 받들겠네

빈 집

당신의 설계도에는 처음부터 내가 없었지
신문이 쌓여가는 현관을 서성이며
물푸레 긴 그림자에 기대 울던 저녁 무렵

어둠이 깊어져도 돌아오지 않는 당신
불 꺼진 창 틈새마다 향 짙은 꽃이 피면
어디쯤 어두운 하늘 저민 가슴으로 지는가

뒤늦은 귀가를 창 너머로만 바라보며
쌀 씻는 아내의 발간 귓불을 짐작하거나
도면을 뛰어다니는 아이의 웃음을 읽는다

비워 둔 모눈마다 낮은 불빛 얹히고
커튼을 닫는 당신의 안온한 설계도에
봄밤은 발자국 소리 슬프도록 혼자였다

봄비

점심 무렵 봄비는
어머니의 지짐이 같다

아랫목에 모여 앉아 한 접시 비운 뒤
목 빼고
넘겨다 보던 감질 나는 맛이다

아니다 어찌 보면
그대의 사랑 같다

한 몸 가득 채웠어도 여전히 허기져
명치 끝
어딘가부터 신열을 앓는 빈 자취

편지

그대 뵈러 가는 낯설은 길 위에는
흰 종이에 사각사각 곱게 깎은 연필
글씨를 쓰는 소리가 배경으로 놓여 있다

글씨들은 혼곤했던 잠귀를 두드려
노을 속 건너오던 약속을 덧붙인다
섣불리 말할 수 없던 사랑도 써넣는다

조금 더 어둑해진 하늘 올려다보며
곁에 와 나직하게 내뱉는 그 숨결도
그윽한 눈길로 써서 새로운 길 만든다

오래된 사랑은 새로 난 길 위에서
추신으로 뒤따르는 따뜻한 인사말에
먼 데서 돌아보게 될 외등 하나 밝힌다

온건을 위하여

바짝 들여 깎은 발톱이 말썽이다
세상에 선뜻 들어앉지 못한 상처들
농익어 발 끝에서야 겨우 머무른 것일까

칠흑 같던 스무 살
막무가내의 질주 끝
낭자한 핏물 속에
상처를 둥글리고
삐딱한 아귀를 맞추며
곧은 몸 접는다

기우뚱한 걸음을 잠시 멈춘다
생살을 찢어 끝끝내 버릴 수 있는 밀애
뭉툭한
발자국이라 좀 더디면 어떤가

경계에 서다

시간은 물에 잠겨 길을 비껴서고
발 디디면 또 다른 시간이 갇힌다
아무도
이르지 못한
밑바닥이 깊어간다

바닥에 이르지 않고서는 누구도
날아오르지 못하는 절망의 경계
아직은
어린 해오라기
박차고 오른다

저 흐릿하게 멀어져간 배경 위로
수채화 한 폭 사진 속으로 들어간다
비 긋고
낮은 집 한 채
늦은 불 켜는 저녁

불면

한 무리 양떼가
잠의 강을 건넌다

백 여든 아흔쯤은
눈으로 읽었는데,

불시에
한 떼로 몰려와
정수리를 밟고 간다

나의 잠을 건너는 것
양떼만이 아니다

빼곡한 잔금이듯
들어차는 그대 음성

잠귀가
밝아진 늦밤
환청으로 듣는다

간절곶 엽서

때때로 이별이 실감나는 날에는
우리, 이 바다 앞에 엎드려 울기로 하자
무작정 어린 아이가 되어 실컷 울기로 하자

큰 손바닥을 가진 바다가 등 두들기며
노을빛 적신 손수건이라도 건넨다면
모른 척 두 손에 받아 결핍의 울음 쏟아내자

언젠가 수취인 불명으로 되돌아와서
바다가 감싸주는 노을에 등을 묻고
물결이 되들려주는 옛 울음 제각기 듣기로 하자

독백

　네게로 건너가던 술잔은 늘 그렇듯 출렁이며 내 앞으로 다시 놓인다
　잔 위로 넘치는 것은 쓸쓸한 혼잣말

　너에겐 도무지 들리지 않는 건지 슬픔에 펄럭이는 주점의 바람막이
　빈 병만 헤아려 놓고 스무 살의 등을 끈다

| 시인의 산문 |

언어의 폐소공포증을 넘어서

　*

　나는 밤마다 두어 평 방에 스스로 갇힌다. 사위가 거센 풍랑이어서 감히 발을 내딛지도 못한다. 오래 방치해두었던 폐선 같은 침대에 기댄 채 천일의 세헤라자드나 달빛 가득한 밤을 견디기 힘들어 했던 드뷔시를 생각한다.
　몽유의 새벽을 견디는 참으로 장한 사람들이 있다면 일면식도 없는 그들에게 나는 따뜻한 축복을 내리고 싶다.

　*

　화투 뒷장처럼 붉을대로 붉은 영산홍 무리의 아파트 담장을 지나쳐 간다. 그 뜨거운 빛깔 뒤 그늘을 한 번도 살펴보지 못한 채 붉은 빛만 보다가 나도 종일 목덜미까지 붉어진 신열을 앓는다. 어디든 그늘에 들어 자리 펴면 뜨거워진 이마를 짚어줄 따뜻한 손길 생각에 울컥 목이 메는 저녁.

　　　＊

　며칠 때 이른 더위를 식히는 비가 내린다. 비 내리는 날은 무채색의 생각들과 더불어 한층 귀가 밝아지는 느낌이다. 따끈한 청주 한 잔으로 속을 데우며 뒷산의 새들이 시린 발 접고 제 집을 찾아드는 소리를 세세히 듣는 오후, 살아있는 모든 것들에 대해 별반 애정이 없는 나는 너무 오래 무채색의 사람이었다.

　　　＊

　박경리 선생은 "혼자가 아니라면, 외로울 시간이 없다면 글을 쓸 수 없다."고 했다. 나 역시 혼자였거나 외로울 적 너무도 많았을 텐데 그 많은 시간에 나는 어느 암담한 골목길을 서성이고 있었던가. 가로등 불빛을 의지 삼아 시를 읽곤하던 젊음을 감히 사랑하였다고 누군가에게 고백할 수 있을까.

　　　＊

　공자는 40세부터 미혹되지 않았다고 했던가. 나의 40세는 두려움의 시작이었다. 살아있다는 것, 숨쉬고 세상에 섞여 있다는 것, 밥을 먹고 잠을 자는 모든 것이 두려운 마흔이었다. 그 무렵부터 걱정도 눈물도 많아진 것인지.

그리고 또 몇 해…… 이제는 현관 앞에 비딱하게 놓인 신발도, 몇 번이나 확인한 대문의 잠금장치도, 이른 아침 집을 나서는 열여섯 살 딸아이의 뒷모습도 왠지 두렵다. 불혹은 흔들리지 않는 것이라고 말하던 어느 목소리를 되새김질하며 또다시 가슴 아픈 것도 나는 그저, 그저 두렵다.

*

종이상자 안에 갇힌 사슴벌레를 들여다본다. 떠나온 곳이 그리운 건지, 아니면 지금의 환경이 낯선 건지 사슴벌레는 사방 상자 속을 이리저리 헤매다가 벽에 부딪치곤 한다. 부딪치다가 돌아서고, 또다시 부딪치는 일을 반복하면서 지리멸렬한 오후가 다 지난다.

나의 한나절도 이렇게 속절없이 저물어간다. 등이 결린다. 경혈을 만지고 자극해주어야 이 오랜 통증이 잠시 멎듯이 저 무지한 벌레의 더듬이를 누군가 어루만져줘야 제 갈 길을 스스로 열어갈 터인데……. 내 시가 잃어버린 더듬이는 우주의 어느 먼지 속을 떠돌고 있을까.

*

　해 저문 부석사 초입을 기억한다. 절집은 밤늦은 객을 마다하여 그 앞에 오래오래 쪼그리고 앉아 있었다. 나의 절실함이 부처에게 닿지않는 밤이었을까. 바늘로 온몸을 찌르는 듯한 오월 초순 밤 한기를 고스란히 견디면서도 쉽게 일어설 수 없었던 날이었다. 그리고 다만 지나온 것은 그립고 아쉬울 따름이다. 그래서 또 목이 붓는 저녁, 편도선을 지나가는 부석사의 싸늘한 밤바람 한 줄기. 어쩌면 이 모든 것들이 너무 많은 업을 지닌 나의 전생이었을 지도 모르는 일.

　　*

　전전긍긍이다. 집으로 돌아오는 길이 더딘 오후에는 편도선을 앓아눕는다. 내가 누운 딱 그만큼의 창으로 해가 지고 해 지는 만큼의 그림자를 어쩌지 못한다. 그때의 내 울음은 폐부 깊숙한 곳에서부터 시작된다. 물론 그 이유도 해결책도 내겐 없다. 입 안 가득 약을 털어 넣어도 사그라들지 않는 이 목마름과 외로움.

　참 오래 울던 새벽녘이 있었다. 더러 어떤 사람들은 그것을 카타르시스라고 말하는가. 하지만 내겐 절체절명의 슬픔이었다. 반작용의 힘을 거역하고 싶은 내 전력의 슬픔이 가까스로 미명을 틔우는 시간이었다. 그래서 아침나절의 나는 거의 기진한 한 마리 짐승 같은 존재로 머리를 풀어헤친 채 속울음을 토해내고 있는 건지도 모른다. 그 울음은 언제나 목젖을 넘어서지 못하지만. 그럼에도 불구하고 가끔은 어머니 냄새 같은 뜨거운 청국장 한 숟가락이 그리운……. 그래, 나는 여전히 피가 뜨거운 사람, 사람인가 보다.

　　　*

밤늦도록 제 방을 비워두던 아이가 객지로 떠났다. 아이의 짐을 실어주며 기숙사를 살펴보고 돌아오던 저녁 내내 남편과 나는 말없이 울기만 했다. 강단 하나로 살아온 남편의 하염없는 눈물을 보며 자식은 부모의 눈물을 받아 마시며 자라나는 어린 새라는 생각을 하였다.

이십년 전 내 자궁을 비워내며 치유가 필요하던 한 달 여의 시간들보다 어쩌면 지금 남편의 빈 가슴을 치유하는 시간이 더 길어질 지도 모른다는 먹먹함. 그래, 이렇게 남편과 나는 아이라는 하나의 매개를 제각기 품고 살며 서로를 보듬는 살붙이였음을 더러 잊었구나. 언젠가 이 굽이진 길을 돌고 돌아 단 둘이 남았을 때 뜨거운 연애를 하던 옛날을 추억하며 하얀 재로 사그라들 사람들이라는 애잔함이 생기곤 한다.

아마 우리에게도 어느 전생에서부터 보이지 않는 붉은 실이 서로의 손끝을 묶고 있을지도 모를 일. 어떤 말도 어떤 표현도 굳이 필요치 않는 사람들이라는 나의 믿음인 것이다.

    *

일흔이 훨씬 넘은 어머니가 마음병을 앓고 있다. 인간사 모든 것이 자로 잰 듯 선명하고 정확하던 당신이 아버지의 끼니를 놓치다가 신문을 꼼꼼히 읽고 스크랩하던 오후도 그만 놓는다.

해가 저물면 혈압이 정상치를 훨씬 넘어 응급실행조차 감수해야 한다. 본의든 아니든간에 사람도 사물도 그다지 사랑하지 않던 내가 열흘 가까이 어머니의 턱밑에 앉아 밤늦도록 화투판의 점수를 계산하곤 한다.

나도, 어머니도 그리고 우리들 삐딱한 삶을 겨누던 과거도 힘겨운 사투중이다. 그리고 집으로 돌아오는 길에 나는 어머니보다 더 극심한 마음병을 앓으며 혼자 눈물 흘리는 건지도 모르겠다.

돌아가야 할 길이 두려운 사람이어서, 그곳이 어디인지 몰라서 앓는 나약한 사람이어서 밤하늘 한번 올려다본다. 거기, 혼자 떠 있는 별빛도 쓸쓸한 밤이다.

*

 해질 무렵의 병산서원 만대루를 떠올리는 일은 더할 수 없는 서러움이다. 그 곳에서 나는 입교당을 보는 것이 아니라 반대편 먼 산과 연못을 보았던 탓이다. 해 지고 어두워지는 산과 물의 서늘한 빛을 보며 내 오랜 기다림은 대체 무엇이었던가를 되짚어본다.

 두보가 노래했다는 절벽이 좋다는 뜻의 만대루. 늦은 저녁에 보는 병산서원이 그리도 좋다는 뜻인가. 만대루를 생각하는 저녁은 명치 끝이 저린다.

 늦은 저녁, 촉수 낮은 가로등 아래 긴 그림자를 드리우며 골목길 돌아 초인종도 없는 대문을 두드려 아랫목 이불 속에 파묻어둔 밥을 맛있게 먹어줄 사람이 그리운 것인가. 혹은 연도가 지워진 흑백사진 속의 계집아이가 다시 돌아가 누울 대청마루의 햇살 한 자락이 절실한 것인가.

 파란 대문집을 밤늦게 찾아 헤맨 적 있었다. 골목도 그 집도 흔적 없이 사라져버려 망연했던 어느 겨울밤. 내 기다림은 가슴에 남지 못하고 만대루에 내리는 산그늘 아래 여지껏 머물고 있다.

*

 내 시의 근간은 슬픔이다. 무수한 잡념과 얄팍한 말

의 조합이 이루어낸 어설프고도 서툴기 짝이 없는 슬픔의 흉내 같은 것. 다만 어떤 구실로든 위로 삼자면 부끄럽지 않았으며 저급하지 않기 위한 안간힘, 입이 없어서 말할 수 없었다면, 귀가 없어서 듣지 않았다면, 눈이 없어서 보지 않았다면 차라리 다행이었다.

  거울 앞에 앉는다. 내 자신이 저 거울 속의 나를 바라보며 고개 끄덕여줄 날 있다면 그나마 내 삶은 참 다행스러운 것일지도.

    *

  봄밤, 일본의 어느 공원에서 숨이 막힐 듯한 라일락 향기를 맡은 적이 있었다. 비위에 맞지 않는 저녁을 먹고 겨우 진정될 즈음에 맡은 그 향기에 가까스로 벤치를 찾아 앉았던 현기증.

  불 꺼진 방에 앉아 봄밤의 향기를 맡는다. 심장이 터질 것 같다. 아무런 향이 아니어도 봄밤은 내 숨과 맥박을 어지럽힌다. 흑맥주 몇 잔. 봄밤은 흑맥주의 오묘한 빛깔과 향취로 늘 내게 온다.

  그 밤, 거리에 나서면 저절로 발길이 닿는 그 집 앞. 불이 꺼지고 사람도 사라지고 없는 그 집 앞을 서성이면서 내 부끄러운 시의 전부가 어느 창 앞에 작은 풀꽃으로나마 피어나기를 빈다.

*

　시조란 언어의 수레가 지나간 바퀴자국을 잘 다듬어 그 판본을 세상에 내어놓는 일일 것이다. 덜컹이거나 삐걱거리면서도 제대로 된 시가 지나간 다음에 완전한 형식의 시조가 이루는 절제의 미에 고개를 끄덕이고 싶다. 그러나 나의 발은 아직 허공에 떠 있을 따름이다. 이 오랜 방황과 모색, 모호한 정체성의 결말이 비극적이지 않기를…….

　　　*

　폐소공포증. 두려움을 넘어선 공포이다. 내게 가장 두려운 일 가운데 한 가지는 고속버스를 타고 여행을 가는 것이다. 이 핑계, 저 핑계로 여행을 미루다 결국 포기하고 만다.
　나는 언어의 폐소공포증에 빠져 있는지도 모르겠다. 삶의 진정성이 얼마나 우매한 방식인가를 터득한 뒤에 갖게 되는 언어의 한정성에 대한 자괴감. 이것은 나를 괴롭히는 화두이기도 하다. 그래서일까? 나는 쉽고 간결한 시어로 가슴을 저미는 시들이 좋다. 시조가 정형과 율격의 복잡한 함수관계를 다소 벗어나더라도 사람의 가슴을 치는, 그냥 이 세상 살아가는 사람의 언어였으면 다행스럽겠다.

이 경 임

1966년 대구에서 남.
2005년 《《매일신문》》 신춘문예로 문단에 나옴.

프리지아 칸타타

초판 1쇄 펴낸 날 / 2009년 5월 10일

지은이 / 이 경 임
펴낸이 / 박 진 환

펴낸 곳 / 만인사
등록번호 / 1996년 4월 20일 제03-01-306호
주소 / (우)700-813 대구광역시 중구 대봉2동 743-7
전화 / (053)422-0550
팩스 / (053)426-9543
홈페이지 / www.maninsa.co.kr

ISBN 978-89-6349-002-1 03810

이 책의 내용의 전부나 일부를 재사용하려면
반드시 저작권자나 만인사 양측의 동의를 받아야 합니다.

값 7,000원